# ...DRID/
# EL PRIMO RAFAEL

Edición a cargo de: Berta Pallares
Ilustraciones: Per Illum

## EDICIÓN SIMPLIFICADA PARA
## USO ESCOLAR Y AUTOESTUDIO

Esta edición, cuyo vocabulario se ha elegido entre las palabras españolas más usadas (según CENTRALA ORDFÖRRÅDET I SPAN-SKAN de Gorosch, Pontoppidan-Sjövall y el VOCABULARIO BÁSICO de Arias, Pallares, Alegre), ha sido resumida y simplificada para satisfacer las necesidades de los estudiantes de español con unos conocimientos un poco avanzados del idioma.

Edición abreviada, pero
*no* simplificada

Diseño de cubierta: Mette Plesner

Illustración: Per Illum

© 1965 Jesús Fernández Santos
© 1990 por ASCHEHOUG A/S (Egmont)
ISBN Dinamarca 87-11-19033-7
www.easyreader.dk

Impreso en Dinamarca por
Sangill Grafisk Produktion, Holme Olstrup

## JESÚS FERNÁNDEZ SANTOS
### (Madrid 1926 – 1988)

Hombre de cine y de letras es uno de los autores más representativos de la generación de los años cincuenta o del realismo social. Se dio a conocer con *Los bravos* (1954) novela que renovó el panorama de las letras españolas con su tono nuevo. En esta novela está ya lo que va a ser una constante en su obra: la belleza funcional de la palabra precisa, exacta y sobria como el mismo J.F.S. Todas sus novelas son de espacios cerrados, íntimos. Muchas de ellas están centradas en una pequeña comunidad rural o provinciana. J.F.S. se acerca con amor y sensibilidad a los pueblos españoles y a sus gentes. Habla de sus vidas y deja ver siempre su preocupación por el hombre, al que tan bien conoce. El tono intimista y profundo puede rastrearse a lo largo de toda su obra. Su estilo ha tenido como norma la búsqueda de la máxima perfección dentro de una hermosa sencillez clásica de refinada belleza.

Ha acumulado a lo largo de su carrera literaria todos los premios que más puede desear un escritor y se ha mantenido fiel a sí mismo. Ha recibido, entre otros, el Premio Gabriel Miró, el de la Crítica – dos veces –, el Nacional de Literatura, el Planeta, el Fastenrath y el Premio Ateneo de Sevilla.

Fue hombre de cine y desde muy pronto se marcó en J.F.S. su vocación por él. En 1952 ingresó en la recién creada Escuela Nacional de Cine en Madrid. Afirmó una vez: «El cine es mi oficio. La literatura mi razón de ser. Escribo para sobrevivir, para que quede algo de mí, porque me gusta, por eso que antes se llamaba vocación».

Ha realizado más de cien documentales, en general de inspiración literaria, como *La Soria de Machado* o *Tres horas en el Museo del Prado*. Su documental *El Greco* fue premiado en la Bienal de Venecia en 1959. *España 1800* se basa en el pintor Goya. Ha hecho una película larga: *Llegar a más* y ha ejercido la crítica cinematográfica. Su segunda novela, *En la hoguera* (1956), obtuvo el Premio G. Miró. *Laberintos* (1964) transcurre durante una Semana Santa en Segovia y J.F.S. presenta la vida de unos intelectuales que se reunen allí. Una de sus mejores novelas es *El hombre de los santos* (1969). En ella describe la vida de un restaurador que recorre los pueblos, las iglesias y los conventos de España. J.F.S. también los recorrió y de ellos recogió la vida que veía y que llevaba a la novela, al documental o a la televisión. *Extramuros* (1978) es de carácter histórico. Cuenta la apasionada relación de dos monjas dentro de un convento de la España medieval. Fue llevada al cine bajo la dirección de Manuel Picazo. En *Los jinetes del alba* (1984) vuelve a su tierra de devoción, la montaña leonesa, y a los años inmediatamente anteriores a la guerra civil española y a la vida de cada día, a su pasión por el lenguaje y al amor que como dijo J.F.S. «se halla siempre en el fondo de las cosas». Por *El Griego,* biografía novelada de El Greco, obtuvo el premio Ateneo de Sevilla.

Ha escrito también relatos: *Cabeza rapada* (1958), *Las catedrales* (1970), *A orillas de una vieja dama* (1979) entre otros. En 1978 publicó sus *Cuentos completos.*

Otras novelas: *Paraíso encerrado* (1973), *La que no tiene nombre* (1977), *Jaque a la dama* (1982), *Balada de amor y soledad* (1987). Otros libros de relatos: *Historia de la dama, El corazón de una ciudad,* los dos de 1986. *El reino de los niños* pertenece al cuento infantil.

## PRÓLOGO BREVE

El tiempo del relato que ofrecemos hoy transcurre en los meses de verano de 1936 y llega hasta la Navidad de ese mismo año. Pero el núcleo de la acción se desarrolla en los primeros días del verano de 1936. El lugar es un pueblo de veraneo en la Sierra, al norte de Madrid.

En el mes de julio de 1936 estalla la guerra civil española (1936-39). La guerra surge con el levantamiento de los militares rebeldes contra el gobierno legítimo de la Segunda República española (1931-36). El alzamiento de los militares rebeldes se extendió a toda España aunque hubo zonas y militares fieles a la República. La República triunfó en Madrid, en Barcelona, en Levante, en el norte de España y en La Mancha. España quedó dividida en dos partes: la España nacional (los militares rebeldes y sus partidarios) y la España republicana (el gobierno legítimo republicano y sus partidarios). Como toda guerra civil también la española fue una tragedia para el pueblo español. La guerra terminó con la victoria del general Franco que dirigía la parte nacionalista, ayudado por Alemania e Italia especialmente. En 1939 el general Franco se constituyó en Jefe del

Estado español iniciándose así un largo periodo de dictadura que terminó en 1975 con la muerte del dictador. Este largo periodo supuso para España una vuelta atrás en el camino hacia adelante que había iniciado la República.

La guerra civil tuvo muchas etapas. El texto que ofrecemos corresponde a la primera y se localiza en el frente norte de Madrid, en uno de los pueblos de veraneo situado en la Sierra de Guadarrama (Ver mapa en página 58).

Desde el principio de la guerra Madrid fue la meta de los nacionales. Por el sur la ciudad fue atacada por Franco y por el norte por el ejército del general Mola. El frente se extendía desde los límites de las provincias de Cuenca y Guadalajara hasta la Sierra de Gredos. Los milicianos, los leales a la República, contuvieron a los nacionales en toda la línea de la Sierra ayudados por el famoso 5º Regimiento, cantado por poetas y admirado por su valor. Los encuentros entre las dos partes se sucedían constantemente en la Sierra por lo que los veraneantes iban siendo evacuados hacia el norte de Madrid, a Segovia primero y después a otras ciudades que estaban en la zona nacional. A finales de agosto el ejército nacionalista renunció a seguir el ataque contra Madrid y la línea del frente quedó estabilizada en la divisoria del Guadarrama. Madrid estaba defendida por los republicanos ayudados por las Brigadas Internacionales, gentes de todo el mundo que apoyaron los ideales de la República. Pero Franco logró entrar en Madrid el 27 de marzo de 1939, terminando con ello la guerra civil.

La guerra civil sorprendió a Fernández Santos cuando veraneaba con su familia cerca de San Rafael. Al estallar la guerra no pudieron volver a Madrid y fueron evacuados hacia el norte, a Segovia. Estas personas evacuadas son los refugiados de los que se habla en el libro. Fernández Santos tenía entonces 10 años. Poco después de terminar la guerra – tenía 13 años – perdió a su padre. Muchos de los primeros relatos de J.F.S. tienen un carácter autobiográfico en torno a estos hechos.

Los personajes principales del relato son dos niños: Julio y su primo Rafael, un poco mayor que él. Están con sus respectivas familias veraneando en un pueblo de la Sierra y, aunque no saben muy bien por qué, saben que es a causa de la guerra – concepto y realidad que no comprenden – por lo que cada vez se van alejando de Madrid y quedando

*Muy lejos de Madrid.* A través de los niños y del narrador se percibe también la angustia de las personas mayores, el vacío y la tristeza de los pueblos abandonados por la gente en su
5 huida de la guerra. Sin embargo el núcleo del relato gira en torno a las andanzas y a las vivencias de los dos niños en los primeros días de sus vacaciones del verano de 1936.

10

## LA GUERRA CIVIL EN TORNO A MADRID

1936
15  *17 de julio,* sublevación de la Armada, en Marruecos, contra el gobierno legítimo de la República.

*18 de julio,* la revuelta se extiende a toda España. Los rebeldes atacan contra Madrid,
20 desde el norte, y desde Sevilla por el sur.

*22 de julio,* primera gran batalla en Somosierra: los milicianos de Madrid bloquean el ataque franquista

*27 de septiembre,* el ejército franquista ataca
25 Toledo y gana el Alcázar.

*1 de octubre,* el general Franco, por un golpe de Estado, se constituye en Jefe del Estado Español.

8

*7 de noviembre,* gran ofensiva franquista contra Madrid. Los franquistas son detenidos en la Ciudad universitaria. Madrid está sitiada pero resiste.

1937

*6 de febrero,* batalla junto al río Jarama y ataque franquista contra Madrid. Contraataque republicano que salva en camino Madrid-Valencia.

*8 de marzo,* Guadalajara: nuevo ataque franquista contra Madrid. Respuesta de los republicanos que resultan vencedores.

*6 de julio,* ataque republicano a Brunete; la República gana 5 kilómetros.

1939

*27 de marzo,* a medio día el general Franco y sus tropas entran en Madrid. La República ha sido derrotada y ha comenzado una dictadura que solamente terminará con la muerte del General Franco en 1975.

*Falange Española,* movimiento político y social iniciado por José Antonio Primo de Rivera (1903-1936). En 1933 la Falange se fusionó con las J.O.N.S. (Juntas de Ofensiva Nacional Sindicalista). Se unificó en 1937 con el Tradicionalismo y formó la Falange Española Tradicionalista y de las J.O.N.S.

*República,* forma de gobierno establecida en España dos veces: Primera República (proclamada el 11 de febrero de 1873 duró hasta el 3 de marzo de 1874) y Segunda República (proclamada el 14 de abril de 1931 duró hasta el Alzamiento de los militares que dio lugar a la guerra civil (1936-1939)

*Alzamiento,* sublevación de los militares rebeldes al gobierno de la Segunda República. Comenzó en Marruecos el 17 de julio de 1936 y el 18 se extendió a toda España dando lugar a la guerra civil española que terminó en 1939 con la victoria de los rebeldes encabezados por el general Franco y la derrota de la República iniciándose así el periodo de la dictadura del general Franco, que terminó con la muerte de éste en 1975.

*liberación* de liberar, dejar libre. Es palabra empleada por los nacionales y se refiere a «dejar libre» una zona o una ciudad del gobierno de los republicanos.

# MUY LEJOS DE MADRID

*El horizonte se iluminó.*\* El chico se *incorporó*
en la *almohada,* llamando:
– Mamá, ¿no oyes?
– Duérmete. La voz llegó\* desde la habitación    5
*contigua.*
– ¿No oyes nada?
– Vas a despertar a tu hermano.
– ¿Me dejas que vaya ahí?
– No.                                                                      10
– Ven tú aquí, entonces.
– Estate *quieto,* ya verás como te duermes.
El chico intentó cerrar los ojos, pero aun así,
aquel *fragor* lejano le *asustaba. De buen grado* se
hubiera cambiado por el hermano. Bien tran-    15
quilo dormía, mientras a él le tocaba pasar su
miedo, solo, frente a la ventana abierta.
Habían llegado muy de mañana, en el auto-

\* indica una omisión en relación con el texto original.
Los resúmenes han sido hechos por Berta Pallares (ver: página
33, nota).

---

*el horizonte,* lugar en la lejanía (lejos) en el que, cuando se mira
hacia él, parece que se junta el cielo con la tierra
*iluminarse,* llenarse de luz
*incorporarse,* levantar la mitad superior del cuerpo para quedar
sentado
la *almohada,* ver ilustración en página 14
*contigua,* la que está al lado
*quieto,* sin moverse y tranquilo
*el fragor,* ruido muy grande
*asustar,* sentir miedo producido por algo
*de buen grado,* de buena gana

bús, con el resto de la *colonia* que la guerra *sorprendió* a mitad del veraneo. Desde que el *frente* cortó el ferrocarril, dejando en la otra *zona* al padre, los tres – la madre y los dos
5 hijos – iban *retrocediendo,* alejándose más, *acatando* las órdenes de *evacuar.**
Sobre el *colchón* cerca del hermano, se dormía al instante, pero, a poco, despertaba llamando a la madre.

10 – Mamá.

– ¿Qué quieres?

– No tengo sueño.

La madre no respondió.*

– ¿Estás levantada?

15 – Calla ...

– Es que tengo *sed*. ¿Me traes un poco de agua?

– No hay ...

– Tengo miedo.

20 – Duérmete. Ya mañana nos vamos ...

---

*la colonia,* aquí: grupo de personas de Madrid que están pasando el verano en un pueblo de la *Sierra* al norte de *Madrid* (Ver mapa en página 58)
*sorprender,* aquí: coger, alcanzar de manera no esperada
*el frente,* lugar en el que luchan dos ejércitos durante algún tiempo. Ver Prólogo
*la zona,* parte. Ver Prólogo, *retroceder,* ir hacia atrás
*acatar,* aceptar
*evacuar,* aquí: dejar libre el lugar y marchar a otro sitio por causa de la guerra
*el colchón,* ver ilustración en página 14
*la sed,* gana de beber

– Nuevos *disparos* vinieron a *acongojarle* de nuevo, trayéndole el recuerdo de su padre. ¿Estaría en *Madrid* aún? Recordaba ahora * sus largos silencios en la mesa.*

Meses después el padre bajó a *despedirles*, ⁵ prometiendo en la *estación* que pasaría a visi- .tarles cada domingo. La madre, a medio verano, cansada de esperar, decidió cierto día llamarle por teléfono. Volvió llorando, lo recordaba bien. ¹⁰

En los días que siguieron, antes de julio, el *cartero* se detenía ante la gran *terraza*.

– No hay nada, señora.*

Frente a la casa, los *relámpagos* del frente ape- nas se distinguen en la *claridad* que nace. ¹⁵

el disparo →          el relámpago

---

*disparo*, el ruido hecho por las armas o las máquinas de guerra cuando *disparan* (de *disparar*, hacer que una máquina despida de sí un objeto, p. ej. una *bala* (ver ilustración en página 35)
*acongojarle*, causarle una pena muy grande (= *congoja*)
*Madrid*, ver mapa en página 58
*despedir*, aquí: acompañar para decirles adiós
*la estación, la terraza*, Ver ilustración en página 14/15 y 21
*el cartero*, el hombre que lleva las cartas
*el relámpago*, aquí fig.: la luz de los disparos
*la claridad*, luz

la almohada

el colchón

el alféizar

la terr

14

el penacho de humo

la montaña

el pino

el humo

CRUCE

el camión

15

– Mamá ... Está *amaneciendo.* ¿Cuándo vamos a Madrid?

– No se puede.

– ¿No se puede ver a papá?

5  – No se puede pasar.

– ¿Ni por aquí, por el *monte?*

– Por el monte, menos todavía ...

– Ayer, en la estación, estaban diciendo que un hombre se había pasado, por esta *montaña*

10  Oye mamá ...

– ¿Qué quieres?

– ¿Dónde van?

– ¿Quiénes?

– Los que pasan.

15  – A Madrid. ¡Qué sé yo!

– ¿Para qué van a Madrid?

– A ver a sus familias. A los que quedaron allí. No sé ... ¿Por qué lo preguntas?

– ¿Por qué no nos vamos también nosotros?

20  Un *rumor* de *motores* viene del campo. El chico mira desde el *alféizar.**

– Mamá, ¿no oyes?

---

*amanecer,* momento en el que empieza el día

*el monte,* aquí, lugar de la *sierra* (= conjunto de montañas) en el que hay árboles

*la montaña,* ver ilustración en página 14/15

*el rumor,* ruido continuado y no claro

*el motor,* parte de un coche o camión que produce el movimiento del mismo

*el alféizar,* ver ilustración en página 14/15

16

– Sí. Son coches.
– ¿Vienen *por nosotros?*
– Puede ser ...
– ¿Nos vamos a *Segovia?*
– Donde nos lleven, hijo.                                      5
– Oye mamá; son *camiones.*
Métete en la cama. Vas a coger frío.
El chico vuelve al *lecho.* La *caravana* sigue
acercándose. Ahora debe pasar el *cruce,* junto
al *depósito* de las *locomotoras.*                            10
– ¿Por qué no está papá aquí?
– No pudo venir.
– Pero los otros sí venían.
– ¿Qué otros?
– Los de Antonio y Julito y Manolo.                            15
– Tu padre trabaja mucho. Tiene mucho que
hacer.
– Ahora ya no va a venir. No puede venir. No
quiere vernos.
– No digas eso.                                                20
– ¿Por qué no está entonces? Es que tampoco
quiere verte a ti.

---

*venir por nosotros,* aquí: venir a buscarnos
*Segovia,* ver mapa en página 58
*el camión,* ver ilustración en página 14/15
*el lecho,* la cama
*la caravana,* aquí: los camiones uno detrás de otro
*el cruce,* lugar por donde pasa el ferrocarril sobre la carretera
*el depósito,* lugar donde están las locomotoras o máquinas del
tren para su arreglo (de arreglar)
*la locomotora,* ver ilustración en página 21

– No digas eso nunca.

– ¿Por qué?

– Porque es tu padre.

– Los otros venían los sábados y marchaban

5 el lunes. Todos los sábados ...

– Él tiene mucho que hacer.

– ¿También los domingos?

– También.

– Es mentira.

10 – Cállate.

En el viento frío *llegan *órdenes* y una voz de *mando*.*

– Mamá – llama el chico con voz más *queda*-, viene mucha gente.

15 – ¿A la estación?

– En los coches. Soldados ... ¿Nos vamos a Madrid, ahora?

La madre no responde.

– ¿Nos vamos a Madrid? ¿Cuándo?

20 – Dentro de unos días. Cuando pase esto.

– ¿Y si no pasa?

La *columna* está tan cerca que su *estrépito* borra las palabras, mientras *desfila* al pie de la

---

*la orden,* lo que alguien dice y que hay que hacer

*voz de mando,* voz que da órdenes

*queda,* baja

*la columna,* aquí: la caravana de camiones de guerra y de soldados

*el estrépito,* ruido muy fuerte

*desfilar,* aquí: pasar y marchar en orden

ventana.* Tan sólo un coche *queda rezagado*.
Se detiene. Aunque es distinto al de los otros
días, el chico le reconoce.

– Mamá, ya están aquí. Ya vienen a buscarnos.
¿A dónde vamos hoy? 5
– ¿Yo qué sé? A donde nos lleven.
– ¿Por qué lloras?
– No estoy llorando.
Y era verdad. Miraba hacia Madrid tan lejos,
apenas *entrevisto* más allá de la *niebla*, con los 10
ojos del color de la *ira* y los labios *furiosos*,
apretados.

---

*quedar rezagado,* quedarse atrás
*entrevisto,* aquí: visto de manera no clara a causa de la *niebla* (=
*nube* baja)
*nube* baja. Ver ilustración en página 21
*la ira,* sentimiento de *descontento* (= no contento) que hace obrar
con *violencia* (= de manera no normal) En sentido fig: el color
de la ira es negro pero también se dice en español que los ojos
están rojos de ira
*furioso,* con mucha ira

# EL PRIMO RAFAEL

## I

El *primo* Rafael también estaba allí. Miraba
al soldado fatigado, su cara *ensangrentada*.
Como él, como Julio, le vio salir de entre los
*pinos,* cerca de la estación. Ninguno de los
tres *huyó.* El soldado apenas pareció verles.
*Cayó al suelo.*

Julio *se echó a* temblar.

– ¿Está muerto?

El primo no respondía. Llegaron voces leja-
nas de hombres acercándose.

– No sé ... Mira, se mueve.

El soldado sintiendo las *pisadas* de los otros
abrió los ojos.

– Chicos, *largo de aquí.*

Se volvieron. Un joven les gritó de nuevo a
sus espaldas:

---

*el primo, la prima,* hijo o hija de su *tío* o de su *tía* (= hermano o
hermana del padre o de la madre)

*ensangrentado,* cubierto de sangre

*el pino,* ver ilustración en página 15

*huyó* pasado de *huir,* apartarse de modo rápido de algo o de alguien

*echarse a* + infinitivo, empezar a hacer lo que indica el infinitivo,
aquí a causa del miedo

*la pisada,* ruido que se hace con los pies al andar

*largo de aquí,* frase con la que se pide a alguien que se vaya de un
lugar (= marcharos lejos (= largo) de aquí)

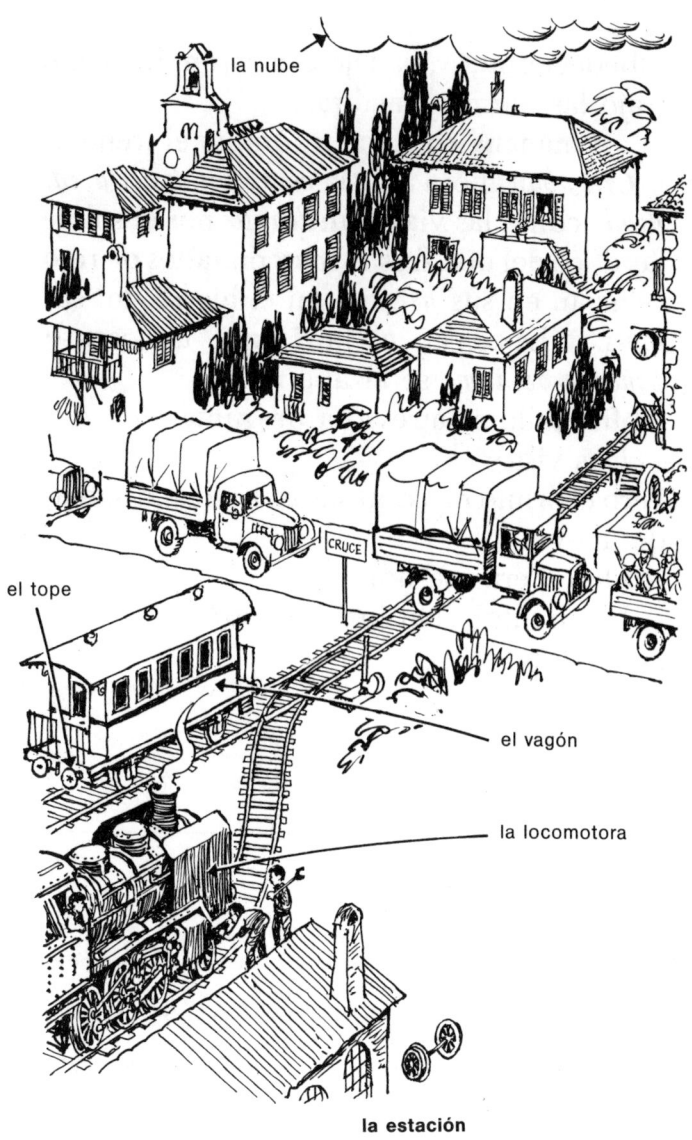

la nube

el tope

CRUCE

el vagón

la locomotora

**la estación**

21

– Largo de aquí. No *pintáis* nada aquí vosotros.

Obedecieron,* y, ya lejos, miraron. El viento trajo las últimas palabras:

5 – ... si mañana consiguen romper el frente ...

*Cruzaban* ahora ante la estación *desierta, caldeada* como las vías *centelleantes* por el sol de las doce del día. Tres *vagones* pintados de rojo relucían en sus *herrajes,* en el hierro de* sus

10 *topes.* * Lejos, en el horizonte, un oscuro *penacho de humo* se alzaba recto.

Al fin, Julio se atrevió a preguntar:

– ¿Has visto?

Pero el primo no contestaba. Tuvo que hablar

15 de nuevo:

– ¿Quién era ese hombre?

– ¿Del frente? ¿No lo has oído?

– ¿De dónde?

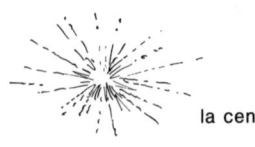
la centella

el penacho

---

*pintar,* aquí fig.: hacer

*cruzar,* aquí: pasar

*desierta,* sin gente (= *vacía*)

*caldeado,* que está muy caliente

*centelleante,* que despide *centellas* de sí a causa del sol, el verbo es *centellear*

*los herrajes,* todas las piezas de hierro que se ponen, aquí en los vagones, para que resulten más bonitos

*el vagón, el tope, el penacho de humo* ver ilustración en páginas 21 y 15

– Del frente, de la guerra ...
– ¿Por qué lo sabes?
– Me lo ha dicho mi madre –. De pronto
quedó silencioso. Entre el rumor de los pinos
llegó un fragor desconocido, nuevo.                    5
– De noche se ve todo – continuó –. Se ve
hasta el *resplandor* desde la ventana de casa.
– ¿Qué resplandor?
– ¡Calla, calla!
Contó que la *sierra* se *iluminaba* desde hacía   10
dos noches. Un resplandor * que a veces
duraba hasta la *madrugada*.
– ¿*Te quedas* por la noche?
– Con mi madre.
– A mí no me dejan.                                     15
– Me dejan porque *la* da miedo.
– ¿Es que no está tu padre?
– Se quedó en Madrid
Se habían detenido ante los *hoteles de los vera-
neantes*. El pueblo aparecía ahora silencioso,  20

---

*el resplandor,* aquí: la luz de los *tiroteos* de *tirotear* (disparar)
*la sierra,* ver nota a *monte* en página 16
*iluminarse,* llenarse de luz
*la madrugada,* el principio del día
*te quedas,* aquí: te quedas levantado hasta tarde (los niños se
acuestan antes que las personas mayores)
*la,* el uso de *la* por *le* es frecuente en la lengua hablada
*el hotel,* aquí: casa destinada al veraneo, no muy grande, con
jardín, en general habitada por una sola familia (= *chalet)* y habitada por el/la *veraneante,* persona que pasa el verano en un lugar distinto de aquel en el que vive normalmente

más allá del camino del tren.

– Aquí vivo yo – *declaró* Rafael –. ¿Tú ya has comido?

– ¿Yo?

5 – Que si has comido.

– Sí, sí, también.

¿Qué dirían en casa cuando no apareciese? Estuvo *tentado* de marchar, pero le daba *vergüenza* volverse, y sentía un gran deseo de

10 seguir con su primo, tras la *aventura* del soldado herido. Así, cuando le vio subirse sobre la *caseta del transformador,* a espaldas de la casa no se movió. Le extrañó aquel modo de entrar en el *chalet.*

15 – ¿Pero qué haces? – Vamos a entrar. Anda, sube.

– ¿En tu casa?

– ¡Si no es mi casa! – Se echó a reir –. Te lo dije en *broma.*

20 – Entonces, ¿de quién es?

---

*declarar,* aquí: decir
*tentado* de *tentar,* aquí: tener intención de
*la vergüenza,* sentimiento que impide hacer algo ante los demás
*la aventura,* hecho que no es común
*la caseta del transformador,* lugar en el que se cambia la fuerza de
la luz
*el chalet,* ver nota a *hotel* en página 23
*en broma,* de manera no seria

maderas

el cristal

la caseta
del transformador

25

– De nadie. Ahora no es de nadie. Se fueron todos.

Sólo tuvieron que *empujar* las *maderas* para saltar a la cocina.\* Pasando al comedor el
5 pequeño *se estremeció*. \* Intentó abrir.

– ¿Qué haces? – El primo Rafael le *sujetó* el brazo. – Si nos ven desde fuera, nos llevan a la *cárcel*. Nos *fusilan*.

– ¿Nos matan?

10 – Por *robar*.\*

– No hagas ruido – *musitó* el primo desde la habitación contigua.\* Ven para acá.

– Vámonos.

– ¿Es que tienes miedo ...?

15 – ¿Yo?

– Escucha.

Guardaron los dos silencio y mientras Rafael llegaba *de puntillas*, se alzó más *nítido* aún \* el rumor de los montes.

---

*empujar,* aquí hacer fuerza para que se abra
*las maderas,* ver ilustración en página 25
*estremecerse,* aquí: sentir frío
*sujetar,* coger del brazo para que no abra
*la cárcel,* lugar donde se lleva a los que *cometen* (=hacen) algo contra la ley
*fusilar,* matar con un *fusil* ver ilustración en página 40
*robar,* tomar lo que es de otro
*musitar,* hablar en voz muy baja
*de puntillas,* sobre las puntas de los pies para no hacer ruido. Ver ilustración en página 57
*nítido,* que se distingue bien

– ¿Por qué tienes miedo? * Ya nos vamos.
Saltaron la ventana. Un *silbido grave* llegó
acercándose desde el monte. Cruzó muy alto
sobre sus cabezas y fue muriendo al tiempo
que se alejaba.                                          5
– Corre, corre todo lo que puedas.
– ¿Dónde vamos?
– A mi casa.
– ¿De verdad?
– De veras.                                              10
Se detuvieron al borde mismo de la terraza.
Ningún nuevo rumor cruzó los aires. Los
chalets parecían muertos.
– Espérame. Voy a ver si está mi madre den-
tro. – Empujó suavemente la puerta, escu- 15
chando.
– ¿Qué oyes?
– Pasa, pasa. Sí está.
Le hizo entrar en su cuarto.
– Espérame que vengo corriendo.           20
En la habitación *frontera* lloraba su tía, la
madre de Rafael. ¿A quién esperaría todas las
noches, mirando la guerra desde la ventana?
Cuando *cesaban* los *sollozos* podía oir la voz de
Rafael y luego a su madre:*                   25

---

el *silbido,* el ruido de los disparos, *grave,* aquí: bajo y profundo
*frontera,* que está al lado
*cesar,* parar, detenerse
el *sollozo,* resultado de *sollozar* (= llorar)

– Te van a matar. Te matan un día andando por ahí.

A poco volvió el primo.

– Es que *se asustó*. ¡Como *tiraron* y yo no estaba!

Julio pensó en el susto que también tendrían en su casa. En su padre, en sus dos hermanas. Le estarían buscando. *Procuró* no pensar en ello y escuchar lo que el otro le contaba.

– Mi madre quiere que nos marchemos de aquí. Como está sola tiene miedo.

– ¿Y tú no?

– Yo, de noche, también. Quiere que nos vayamos porque todo esto va a ser frente.

– ¿Quién te lo ha dicho?

– Lo sabe mi madre. ¿No viste el soldado de antes?

Julio no quería recordarlo. Entonces el soldado y el rumor de los montes eran la misma cosa. Se alejó *despacio* como si le costara trabajo marcharse. Rafael aún le gritó desde la terraza:

– ¿Vienes luego?

– Sí, sí que vengo.

---

*asustarse,* sentir miedo
*tirar,* disparar las armas
*procurar,* hacer lo posible por
*despacio,* dejando pasar mucho tiempo entre un paso y otro

Pero él sabía que no iba a volver tan pronto.
¡Quién sabe lo que diría su padre! Sentía el
mundo nuevo a su *alrededor.*\*Fue *rodeando* la
casa hasta *dar con* el cuarto de las niñas.
Llamó \* al cristal y sin recibir respuesta  5
empujó suavemente. Cuando\* *se incorporó*
sobre el alféizar, las dos hermanas le mira-
ron:\*
– ¡Ay, mira por dónde viene!
– Sin dormir la *siesta*.  10
Antonio les hizo *ademán* de silencio.
– ¡Ay *la que te da* papá! Te han estado bus-
cando. Ha ido papá a buscarte y si vieras
cómo ha vuelto ...\*
– ¿De dónde vienes?  15
– De por ahí – respondió.\*
– ¿No vas a que te vea papá?
Julio *asintió* con la cabeza sin moverse del
sitio.
– Voy yo a decirle que estás aquí – decidió la  20

---

*a su alrededor,* todo lo que está cerca de él por todas partes
*rodear,* ir *alrededor* (= por los lados y por detrás) de la casa
*dar con,* encontrar, llegar a
*incorporarse,* aquí levantar el cuerpo apoyándose en los brazos;
ver nota en página 11
*la siesta,* tiempo después del mediodía en el que se descansa o
se duerme, *el ademán,* aquí: seña de que guarden silencio
*la que te da,* = *la paliza* (= golpes dados con un palo) que te va a
dar
*asentir,* decir que sí, dar por cierto

mayor con intención fácil de *adivinar,* y desapareció volviendo *al cabo de breves* instantes.

– ¿Se lo has dicho?

– No. Está con un señor.

– ¿Con qué señor?

– Con uno *de negro.* *No sé.

– ¿Y mamá tampoco viene?

– No lo sabe. Está escuchando lo que dicen. Seguramente hablaban de él. Ahora vendría el padre. Temía a sus ojos más que a ninguna otra cosa, más que a sus gritos, más que a su voz. *Aplicó* el oído a la pared. Llegaban las palabras *confusas.* *Podía distinguir la voz del padre o de la madre. Hasta la del hombre que había *mencionado* la hermana. Este decía:

– Están cerca. Mañana *se hace fuego* desde la estación. A las ocho tiene que estar toda la colonia en el *refugio* y antes de cinco días lejos de aquí.

La madre sollozaba.

---

adivinar, ver, saber
al cabo de breves, después de poco tiempo
de negro, vestido con un traje negro
aplicar, acercar, poner junto a
confuso, aquí, no claro
mencionar, hablar de
hacer fuego, aquí disparar desde la estación contra los del otro lado
el refugio, lugar en el que se recoge la gente cuando los aviones tiran bombas, ver ilustración en página 44

– ¿Están tan cerca? – preguntó el padre bajando un poco la voz.

– Al pie del monte, a la parte de allá. Dos *brigadas*. Estuvieron a punto de romper el frente esta mañana. Han bajado muchos heridos.

Hubo un silencio y luego pasos que se alejaban. La puerta se cerró. Julio se fue * a su cuarto y se metió en la cama. Le era imposible dormir.* Solamente entre sueños le llegó la voz del padre y luego la de la madre que decía:

– Déjale. Está *cansado*. ¿No ves que está *rendido*?

---

*la brigada,* unidad del ejército. Aquí cierto número de soldados
*cansado,* con pocas fuerzas; *rendido,* muy cansado

# II*

Es por la mañana, antes de las ocho, y la familia de Julio, como todas las familias de la colonia, tiene que ir al refugio porque se espera la lucha entre los que están a ambos lados del frente. El refugio está en los *sótanos* (= la parte baja, en general situada bajo tierra) del *Ayuntamiento* (= el lugar donde trabajan las personas que dirigen el pueblo). También va al refugio el primo Rafael. En este capítulo el autor cuenta la espera y el miedo de todos los que están allí. La gente llora, reza, habla. Algunos salen para buscar comida: han estado en el refugio desde las mismo ocho de la mañana hasta *la puesta* del sol (= el momento en que el sol se va por el horizonte).

---

\* El capítulo II, el III y el principio de IV así como los capítulos V y VII son resúmenes necesarios para comprender la acción del libro. Han sido hechos por Berta Pallares con un vocabulario del mismo nivel que el del resto del libro. Esto es, nivel A. Los resúmenes van en otro tipo de letra.

# III

A la mañana siguiente todos ven que el pinar
del monte se ha quemado durante la lucha
entre los que están a ambos lados de la línea
del frente. Julio oye como sus padres hablan
de que es necesario marcharse porque los
que están al otro lado de la línea del frente
casi han llegado al pueblo. El primo Rafael y
su madre se irán con ellos.

Rafael y Julio se encuentran esa misma
mañana y Rafael decide ir hasta el pinar para
ver de cerca lo que ha pasado. Julio le sigue y
llegan a las *trincheras* donde encuentran una
*bala*. Han visto algo; de repente Julio huye
llorando, llora cada vez más fuerte: han visto
a un soldado medio quemado. Rafael le dice
a Julio que era un perro. Pero Julio dice que
no, que él había visto que era un soldado
pues había visto las piernas sin quemar, en-
teras.

La colonia sale del pueblo por la mañana
temprano. Van pasando por los pueblos. Por
la tarde llegan al segundo pueblo y el *alcalde*
(= el jefe del Ayuntamiento) les deja estar en
la escuela. Allí pueden descansar y dormir.

Los niños hablan de lo que oyen y de lo
que ven. Julio duerme y sueña. Los niños pe-
queños lloran, también lloran algunas mujeres. Otras rezan. Los niños un poco mayores,
como Julio y Rafael hablan de lo que oyen y
de lo que ven. Julio se queda dormido y tiene
un sueño en el que ve a la madre de Rafael
que camina por la orilla del agua en una
playa. La madre de Rafael, su figura, se va
haciendo cada vez más grande hasta tocar el
cielo. Cuando la señora se da la vuelta Julio
ve la cara de Rafael. Rafael se iba alejando
sin oir los gritos de Julio. Las voces que llegaban de fuera le despertaron.

Las voces llegaban de la puerta. Se había encendido una luz, y los hombres hablaban en voz baja. Alguien entró desde fuera y * se subió en el *pupitre* del maestro y *arrancó* el
5  cuadro de la *República*.

Cuando en la calle se oyó el *estrépito* de los *cristales rotos,* todos, dentro, *fingieron* dormir, hasta que la luz se apagó y la sala quedó en silencio de nuevo.

10  Como un *susurro* llegó la voz de Rafael:
  – ¿A quién buscaban?
  – No sé. * ¿Por qué no salimos?
  – ¿Marcharnos ahora? Tengo sueño. *
  – Se te pasa en la calle.
15  – ¿En la calle?
  – Con el frío de fuera.

Julio no salió, ni Rafael tampoco. Volvió a su colchón, entre los otros chicos que dormían profundamente, dejándose apartar
20  como cuerpos muertos cuando él se metió bajo las *mantas.*

El *llanto* de un niño despertó a Julio

---

*arrancar,* quitar de la pared con fuerza
*la República,* ver Prólogo y página 10
*el estrépito,* ruido muy fuerte
*el cristal,* ver ilustración en página 25
*roto,* hecho pedazos
*fingir,* hacer como si estuvieran dormidos
*el susurro,* ruido suave que resulta de hablar quedo
*el llanto,* acción de llorar

el pupitre    la manta

el rosario

cuando amanecía.* Oyó la voz de su madre que decía:

– Tienes que irte. Si mañana estamos aún aquí, tú te marchas.

5 – Pero, mujer, ¿cómo vas a quedarte con los niños?

– Se van a llevar a todos los hombres. Se los llevan al frente.

– ¿Lo han dicho?

10 – Lo he oído yo. Hasta los cincuenta años.

– Yo tengo cincuenta y dos.

– De todos modos, mañana mismo nos vamos.

– Dirás hoy.

15 – ¿Hoy?

– Está amaneciendo. Mira la ventana. Ya estamos a jueves.

– Pues hoy.*

Los hombres, las mujeres, comenzaban a

20 moverse.*

Cuando el sol se *alzó alumbrando* el cuarto ya sin su *divisoria* de mantas los dos primos se reunieron en la *plaza* del *castillo*.

– ¿Sabes lo que oí anoche? – comenzó el

---

*alzarse,* levantarse
*alumbrar,* dar luz
*divisoria,* aquí: que divide la escuela en dos partes
*la plaza, el castillo,* ver ilustración en página 41

– ¿Están tan cerca? – preguntó el padre bajando un poco la voz.

– Al pie del monte, a la parte de allá. Dos *brigadas*. Estuvieron a punto de romper el frente
5 esta mañana. Han bajado muchos heridos.

Hubo un silencio y luego pasos que se alejaban. La puerta se cerró. Julio se fue * a su cuarto y se metió en la cama. Le era imposible dormir.* Solamente entre sueños le
10 llegó la voz del padre y luego la de la madre que decía:

– Déjale. Está *cansado*. ¿No ves que está *rendido*?

---

*la brigada,* unidad del ejército. Aquí cierto número de soldados
*cansado,* con pocas fuerzas; *rendido,* muy cansado

pequeño –. Que nos vamos.

– Ya lo sé. Y nosotros también. A Segovia, mi madre y yo ...* ¿Por qué dices que vamos a Segovia?

– Nos llevan a todos.

– ¿Tan lejos?

– Vienen a recogernos en camiones esta tarde.

Hizo una *pausa* el pequeño y luego con gran trabajo, preguntó de nuevo:

– ¿Sabes que soñé anoche contigo?

– ¿Conmigo? Y ¿qué pasaba?

Se puso rojo y no pudo contestar. Rafael le miraba esperando que siguiese, pero sólo cuando estuvieron sentados *al pie* del *olmo*, frente al castillo, *se decidió* a continuar.

– Pasaba que estabas en el mar, en *La Coruña.*

– Si nunca estuve allí. ¿Y qué hacía?

– No sé. Era muy raro. Salías del agua.

Por la expresión vio que la historia no le interesaba.* Ya el silencio *duraba* y Julio *se*

---

*la pausa,* el tiempo breve en el que se deja de hacer lo que se estaba haciendo; aquí: hablar

*al pie,* junto a

*el olmo,* ver ilustración en página 41

*decidirse a,* decidir una persona lo que va a hacer; *se*=Julio, Julio decide continuar

*La Coruña,* ver mapa en página 58

*durar,* aquí seguir durante demasiado tiempo

*arriesgó* a cortar las *meditaciones* de su primo.

– ¿Dónde vais a vivir en Segovia?

– En casa de mi tía ¿Y vosotros?

– ¡Cualquiera sabe! *A lo mejor* no nos
5 vemos.

– A lo mejor.

Tres viejos camiones *repletos* de hombres
con *fusiles irrumpieron* en la plaza. Los dos chicos les reconocieron por el color de las *cami-*
10 *sas* y los *brazaletes* rojos y negros. Algunos
muy jóvenes, muchachos todavía. Llevaban
*hileras* de *medallas* prendidas al pecho. Uno se
había dejado crecer la *barba rojiza.**

la barba
la camisa
la medalla
el fusil
el correaje
el brazalete

---

*arriesgarse,* intentar hacer algo con un poco de miedo
*las meditaciones,* aquí: pensamientos
*a lo mejor,* quizá
*repleto,* lleno
*irrumpir,* entrar en forma *violenta* (= aquí: con fuerza y ruido)
*la hilera,* aquí *medallas* puestas unas a continuación de otras, ver
viñeta en página 42
*rojiza,* casi roja, muy rubia, no negra

el castillo

el olmo

la plaza

el freno

la rueda

41

hilera de medallas

Cuando se detuvieron, el de la barba echó pie a tierra el primero y llamó a Rafael.

– ¿Eres de aquí tú?

– ¿De aquí?

5 – De este pueblo.

– No señor ...

– ¿No sabes dónde está la *comandancia*?

– ¿La comandancia? – Rafael le miraba *fascinado*.

10 – El ayuntamiento.

Rafael lo sabía. Por decírselo, el *falangista* de la barba rojiza le dio una medalla *prendiéndosela* en el pecho, después saltó nuevamente al camión. Se oyó *acelerar* sin que 15 *arrancase*. Rafael se acercó aún más y las ruedas *inesperadamente* se movieron, pero no hacia adelante. Julio no alcanzó a ver cómo el

---

*la comandancia,* lugar donde están los jefes; aquí el Ayuntamiento

*fascinado,* lleno de *admiración* (= resultado de admirar) por él
*el falangista,* ver Prólogo e ilustración en página 41, *prendersela,* ponerle (a Rafael) la medalla
*acelerar,* hacer con el motor lo necesario para que el camión empiece a andar; *arrancar,* ponerse en movimiento; *inesperadamente,* sin que nadie lo esperara

42

primo caía. Sólo oyó los gritos de los hombres y el *chirriar del frenazo*.

## V

Rafael recibe atención médica pero está enfermo. Enfermo grave. Piensa que va a morir pues tiene muchos dolores. No puede mantenerse de pie pues, al caer, las *ruedas* del camión le han herido en la *columna vertebral* (ver ilustración en página 57). Los camiones repletos de gente continuan camino de Segovia y no hay un coche pare llevar a Rafael que tiene muchos dolores. El viaje continua bajo el ruido de los aviones que *bombardean* (=tiran bombas) desde el cielo y el ruido de los *cañones* que disparan contra ellos desde la tierra. Van pasando por pueblos *vacíos* (= sin gente, ni animales) que tienen la marca de la guerra. Julio quiere hablar con Rafael, pero éste no tiene fuerzas para responder. Julio llora en silencio, pues cree que su primo va a morir. Llegan a Segovia.

---

*chirriar,* el ruido que hace el camión al *frenar* (=movimiento que se hace con el *freno* para detener el camión. El *frenazo* es el resultado de frenar, *la rueda,* ver ilustración en página 41
*la bomba, el cañón,* ver ilustración en página 44

la bomba

el cañón

44

## VI

Tras muchas idas y venidas el padre de Julio
encontró *piso.* Tres habitaciones. Era un
tiempo *duro.* El chico lo veía en el rostro *preo-* 5
*cupado* del padre, siempre de vuelta a casa
con las manos *vacías.* No había dinero, ni trabajo, y las cosas de *valor* que él recordaba,
fueron poco a poco desapareciendo: la
*máquina de escribir,* la radio, y finalmente un 10
*solitario* que la madre llevaba muchos años
en la mano *derecha.*\*A media tarde, a eso de
las cinco, salía de casa para ver a su primo.

la máquina de escribir

el solitario

Era casi un viaje en torno a la ciudad,
siguiendo el camino de sus viejas *murallas.* La 15
tía de Rafael vivía en una casita con jardín, a

---

*el piso,* habitaciones que forman una *vivienda* (= donde se vive)
en una casa en la que hay otras viviendas encima o debajo
*duro,* aquí: difícil
*preocupado,* con el pensamiento muy ocupado por algo
*manos vacías,* aquí: sin nada en ellas, ni comida, ni trabajo (fig.)
*de valor,* que valen mucho dinero
*derecha,* ver ilustración en página 57
*la muralla,* ver ilustración en página 49

orillas del río, junto a la *ermita de la Fuencisla.*\*
– ¿Qué? ¿*Ya te entiendes?*
Solía encontrar a su primo en pie, manejando sus *muletas.*

Nuestra Señora de la Fuencisla

5 – ¡Se anda tan mal ...! Se cansa uno mucho.
El médico decía que el primo mejoraba, pero Julio, viéndole tan *encogido,* pensaba que la cosa tenía mal *remedio.*
– ¿Viste a los italianos? – le preguntó de
10 pronto.
– ¡*Menudos tanques*! lo menos de cinco metros cada rueda ...

---

*la ermita,* especie de iglesia pequeña, situada fuera de las ciudades o de los pueblos
¿*ya te entiendes?* la pregunta se refiere a si ya sabe cómo andar con las muletas, ver ilustración en página 48
*encogido,* que no puede poner derecho el cuerpo
*el remedio,* aquí: que no es posible que Rafael se ponga bien
*menudo,* pequeño pero en expresiones exclamativas tiene un valor *ponderativo* (de *ponderar*=dar a las cosas más valor del que tienen o un gran valor). Aquí: los tanques son muy grandes

– No son tanques ... ¡*Tractores*!

– ¿Quién está ahí? – preguntó desde el interior una voz vieja.

el tanque

el tractor

– Es Julito, tía.

El jardín, *abandonado,* guardaba aún *resi-* ⁵
*duos* de *rosales* y *acacias.* Al fondo se levantaba
un *barracón* * donde guardaban un *Ford* al
que, nada más *estallar* la guerra, habían roto
el *diferencial* para que no lo *requisaran.* Mientras tanto utilizaban el coche de un pariente ¹⁰
militar que a veces lo mandaba para pasear a
Rafael por las afueras.

– ¿A dónde vamos hoy?

– A dónde quieras.

– Vamos a la estación ... ¹⁵

Siempre acababan allí. Al primo le *entusias-*

---

*abandonado,* que no está cuidado
*el residuo,* lo que queda
*el rosal, la acacia, el barracón, el Ford,* ver ilustración en página
48/49
*nada más estallar,* en el momento en que empezó (la guerra)
*diferencial,* parte del motor
*requisar,* tomar, coger para el servicio militar. Se hace en tiempo
de guerra
*entusiasmar,* gustar mucho

*maban* los trenes repletos de soldados. Julio pensaba que de no haber ocurrido el accidente hubiera intentado, como otros chicos

de su edad, *enrolarse* en el ejército. Siempre llevaba camisa azul y *correaje* negro, como los mayores.*

la muralla

la acacia

el Ford

el barracón

---

*enrolarse,* formar parte del ejército
*el correaje,* ver ilustración en página 40

# VII

El Segovia los días pasan tranquilos, tanto para los chicos como para las personas mayores. Relativamente tranquilos.

Julio conoce a la tía de Rafael y esta señora no le gusta nada. No le gusta porque siempre le estaba diciendo cosas a Rafael: que debía andar sin las muletas, que debía andar derecho. Decía también que cuando se muriera le dejaría a Rafael todas sus cosas: su dinero, su casa y el jardín, todo lo que tenía. La señora quería mucho a Rafael, pero había en ella algo que, aunque Julio no sabía muy bien lo que era, no le gustaba. Tampoco le gustaba porque en la casa la señora parecía un pequeño rey: todos le dejaban lo mejor de la comida, y ella hablaba siempre. Cuando Julio se quedaba a comer con Rafael la señora siempre le hacía a Julio muchas preguntas y aunque lo hacía como si fuera una amiga a Julio no le gustaba la señora. Un día, por ejemplo, le pregunta a Julio si tiene gana de volver a Madrid. Julio le dice que sí aunque esto no es cierto. La tía habla de que cuando «liberen» Madrid, podrán volver. «Liberar» (= dejar libre del enemigo) es palabra usada por los nacionales para indicar que Madrid iba a estar libre de los republicanos a los que los nacionales llamaban «rojos», «comunistas» y *«ateos»* (= que no creen en Dios) (Ver: Prólogo). Muchas veces, a lo largo de los días, se oyen las *campanas* que anuncian el bombardeo y la familia tiene que bajar al refugio que, en casa de la tía de Rafael, es la *bodega* (= parte de la casa en la que se guarda el vino y en general la comida. Suele estar situada bajo tierra).

Cuando están en el refugio las mujeres y los niños tienen miedo. Las mujeres lloran, la tía de Rafael reza en voz alta *el rosario,* mientras se oyen los disparos de los cañones y el ruido de los aviones. Los niños hablan y

Rafael le enseña a Julio fotos de la prima Mercedes tomadas a la orilla del mar, cuando la prima se bañaba y le cuenta que la prima Mercedes va a llegar a Segovia para vivir en casa de la tía.

También le enseña fotos de chicas, tomadas de los periódicos. Cuando dejaban de tocar las campanas los niños se iban al cuarto de Rafael a ver más fotos y a charlar, mientras las personas mayores tomaban café y hablaba de la guerra, esperando que acabaría pronto.

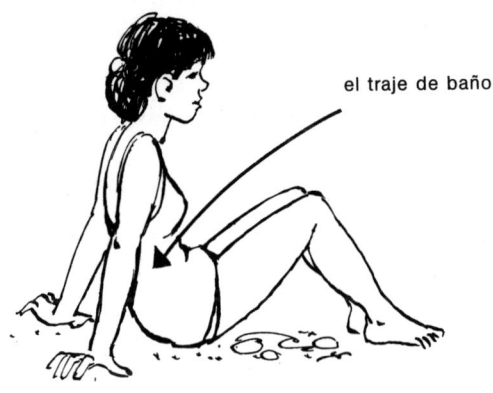

el traje de baño

---

la campana, ver ilustración en página 48
el rosario, ver ilustración en página 37

# VIII

Llegó el otoño y la prima Mercedes no vino.
Recibieron una carta de *Burgos* y nada más.
5 Julio con el nuevo *curso* comenzó a ir al colegio. Cierto día, al volver por la tarde, notó
algo raro en los de casa. Las hermanitas *parecían fijarse* en él más que nunca y todos,
*incluso* el padre, dudaban al hablarle. En
10 cuanto *mencionaron* el nombre de Rafael, sin
saber por qué, *adivinó* que había muerto.

Había amanecido *agonizando* en la cama.

Cuando fue a verle, ya desde el jardín, oyó
los lamentos de la tía.

15 – ¡Como un ángel! ¡Ha muerto como un
ángel!*

En un *reclinatorio,* junto al *ataúd,* sollozaba
la madre, sin decir palabra. Julio no *osaba* ni
mirarle porque estaba seguro de que su alma

---

*Burgos,* ver mapa en página 58
*el curso,* el tiempo de ir al colegio
*parecían fijarse,* parecía que *se fijaban* = que le miraban con atención
*incluso,* también
*mencionar,* decir
*adivinar,* aquí: saber sin que nadie se lo haya dicho
*agonizando,* ger. de *agonizar* (= estar a punto de morir, de terminar la vida de alguna persona) Rafael *había amanecido* = se había despertado por la mañana muy mal, casi a punto de morir
*osar,* atreverse

andaba ya por los *infiernos,* y, pronto también, allí estaría su cuerpo que ahora reposaba

el cirio →

el ataúd

el reclinatorio

entre los *cirios.* Hubiera deseado buscar aquellas fotos y quemarlas. Hacerlas desaparecer. Borrar aquel *pecado.*\* 5

Oía decir a sus espaldas que era el mejor amigo de su primo y, con las miradas de todos fijas en él, por primera vez en su vida se sintió importante. Hasta le *cedieron,* entre los

*el infierno,* lugar donde, según la religión católica, van las almas de aquellos que han *cometido* (= hecho) *pecados,* (=actos no permitidos por dicha religión). Julio cree que es un pecado *grave* (= muy grande) mirar las fotos de las chicas en *traje de baño* (ver ilustración en página 51) y que por ello seguramente Rafael está en el infierno. La causa es la educación española en estos años.

*ceder,* dejar

hombres, el sitio de *honor* en el *entierro*.

Al arrancar el coche los hombres, tras el *cortejo* comenzaron a andar.

la tapa

la cinta

---

*de honor,* aquí: el lugar más importante
*el entierro,* aquí: el camino desde la casa hasta *el cementerio* (= lugar en el que se *entierra* (= pone bajo la tierra a los muertos)

La madre callaba, acompañando al hijo hasta el final, aunque según Julio oyó decir, las mujeres nunca deben ir a los entierros.

El ataúd era blanco y de sus *tapas pendían* seis *cintas* blancas que otros tantos chicos sostenían de la mano, marchando al paso que marcaban los caballos. Julio nunca había visto un entierro parecido.

el cortejo

Allí iba el primo,* mirando al cielo, vestido con su traje de domingo. Pensándolo Julio deseaba llorar o sentir una gran pena como la

---

*pender,* aquí que van desde la caja hacia abajo

tía o la madre o cualquiera de los que a su lado caminaban *rumbo* al *cementerio.* Se decía a sí mismo: «Está muerto», «está muerto» y hasta repitió a media voz una *frase* que oyó en
5 el *velatorio:*

– Señor, llévame también a mí con él.

Pero sólo podía pensar en Rafael vivo y hasta* las cintas, la gente, los otros niños en dos hileras a ambos lados de la caja, le gusta-
10 ban.

En el cementerio, antes de darle tierra, un muchado vestido de falangista se adelantó hasta la *fosa* y gritó:

la fosa

– ¡Rafael Arana Barzosa!
15 Y todos respondieron:
– ¡*Presente*!

---

*el rumbo,* aquí: en dirección a

*el cementerio,* ver nota en página 54

*la frase, conjunto* (= grupo) de palabras con las que se expresa algo

*el velatorio,* en España la familia y los amigos acompañan al muerto durante toda la noche, eso es el velatorio

¡*presente*!, que está en ese lugar. Es la palabra con la que respondían los falangistas cuando eran llamados por su nombre

Repitieron las voces por tres veces. Era como si el primo hubiera muerto en el frente. Quizá aquello le gustara.

De vuelta en casa, las hermanitas le preguntaron cómo había sido el entierro y la madre le guardó la cinta en un sobre. Toda la noche le hablaron como a un hombre mayor.* Al día siguiente, sin embargo, todo había vuelto a su *cauce*.* Volvió al colegio.* Cuando en *Navidad* volvió la familia a *Salamanca* quedaron olvidados* Rafael, la prima Mercedes, los días de libertad pasados en Segovia.

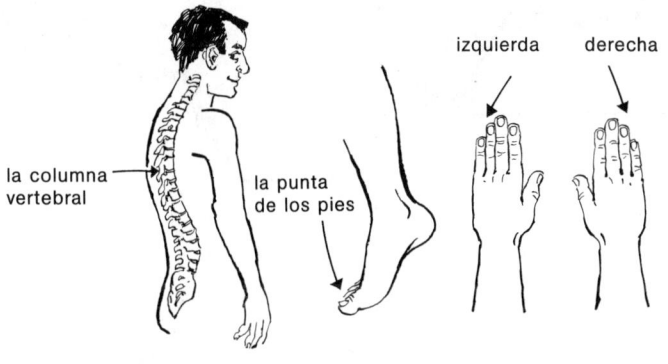

la columna vertebral — la punta de los pies — izquierda — derecha

*el cauce,* el lugar por donde corre el agua de un río. Aquí fig.: todo volvía a ser normal
*Navidad,* las fiestas que van desde el 24 de diciembre hasta el 6 de enero
*Salamanca,* ver mapa en página 58. La guerra no ha terminado; no terminó hasta 1939 pero Salamanca fue zona nacional.

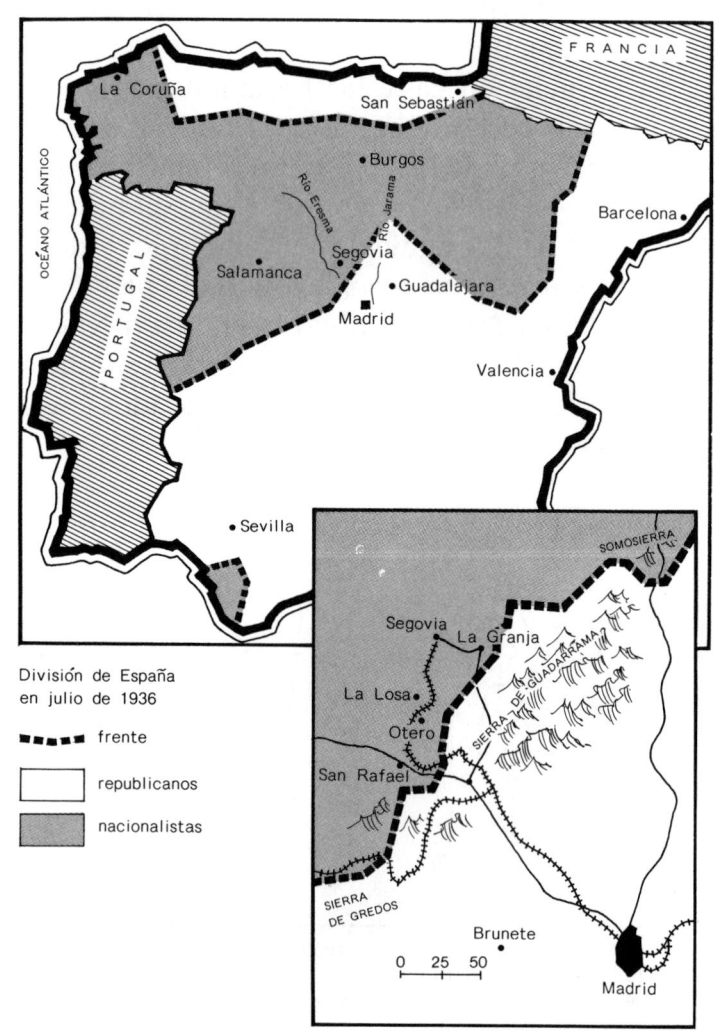

FRANCIA

La Coruña

San Sebastián

OCÉANO ATLÁNTICO

Burgos

Barcelona

Río Eresma

Río Jarama

Segovia

PORTUGAL

Salamanca

Guadalajara

Madrid

Valencia

Sevilla

División de España
en julio de 1936

▬ ▬ ▬ ▬  frente

☐  republicanos

▨  nacionalistas

SOMOSIERRA

Segovia

La Granja

SIERRA DE GUADARRAMA

La Losa

Otero

San Rafael

SIERRA
DE GREDOS

Brunete

0   25   50

Madrid

# PREGUNTAS Y ACTIVIDADES

*Muy lejos de Madrid*

1. ¿Qué hace el niño? ¿Por qué no puede dormir?

2. ¿Por qué tiene miedo el niño?

3. ¿Por qué no pueden ir a Madrid?

4. Explique lo que ve el niño desde la ventana e intente explicar cuáles deben ser las causas de su miedo.

5. Después de haber leido este capítulo y con la ayuda de la ilustración número 1 explique cómo ve usted lo que sucede en este relato.

*El primo Rafael*

I

1. ¿A quién ven los niños? ¿Por qué no les dejan estar allí?

2. ¿A dónde lleva Rafael a Julio?

3. ¿Por qué tiene Julio tanto miedo en la casa vacía?

4. ¿Por qué llora la madre de Rafael?

5. ¿Por qué se quiere marchar la madre de Rafael?

6. ¿Por qué Julio no quiere entrar en su casa por la puerta principal?

7. ¿Por qué el padre de Julio le va a pegar? ¿Lo hace?

8. ¿Qué les dice el señor vestido de negro a los padres de Julio?

9. Explique cómo pasan los niños la mañana desde que salen de casa hasta que vuelven cada uno a la suya, pasada la hora de la siesta.

10. Pensando en lo que hablan los chicos, teniendo en cuenta lo que se dice en el Prólogo y observando los mapas intente explicar qué sucede (los chalets están vacíos, del monte llegan ruidos y sobre él se ven nubes de humo).

## II

1. ¿Por qué tienen que ir al refugio las familias de la colonia de veraneantes?

2. ¿Qué hace la gente en el refugio?

3. ¿Cuánto tiempo están en él?

## III

1. ¿Por qué se ha quemado el pinar?

2. ¿Quiénes son los que están a ambos lados de la línea del frente? (Ver: Prólogo)

3. ¿Qué encuentran y qué ven Julio y Rafael cuando van al monte?

4. Haga un análisis del carácter de cada uno de los niños.

5. Teniendo en cuenta también lo que se dice en el Prólogo haga un análisis de la situación en que se encuentran tanto los niños como sus padres.

## IV

1. ¿Por qué cree usted que quitan de la pared el cuadro de la República?

2. ¿Por qué quiere la madre de Julio que el padre se marche?

3. ¿De qué hablan los niños en la plaza del pueblo? ¿Quién llega a la plaza?

4. ¿Por qué le pone el joven a Rafael una medalla en el pecho?

5. ¿Qué sucede después?

6. Comente el sueño de Julio.

## V

1. ¿Cuál es la situación de Rafael?

2. ¿Cuál es la situación de las personas que son evacuadas?

3. ¿Bajo qué condiciones transcurre el viaje hasta Segovia?

4. Intente fijar la situación de las personas mayores y de los niños desde que éstos vieron al soldado herido hasta que llegan a Segovia.

## VI

1. ¿Por qué está preocupado el padre de Julio?

2. ¿Qué hacen Julio y Rafael en el jardín de la tía?

3. ¿Qué le parece a Julio el aspecto de Rafael?

4. ¿Qué hacen los italianos en Segovia? Recuerde el Prólogo.

5. ¿Por qué viste Rafael camisa azul y correaje?

6. Teniendo en cuenta lo leído anteriormente analice y comente las consecuencias que una guerra civil tiene a) para las personas que aparecen en el relato, b) en general para las personas del país en que tiene lugar la guerra.

## VII

1. ¿Cómo pasan los niños los días en Segovia?

2. ¿Por qué cree usted que no le gusta a Julio la tía de Rafael?

## VIII

1. ¿Porqué cree usted que muere Rafael?

2. ¿Por qué se siente tan importante Julio? ¿Siente pena por la muerte de Rafael?

3. Haga un retrato de cada una de las personas que aparecen en el libro. Puede, observando las ilustraciones, también hablar del aspecto físico de estas personas.

4. Tomando como base todo lo que se cuenta en el libro comente la situación especial de los veraneantes en estas vacaciones de 1936.

5. Hable también de los pueblos y comente cómo le parece que son, qué cosas tienen. Haga una descripción (=contar cómo es y qué hay en) del pueblo en el que se desarrolla la acción.